Los patrulleros

Quinn M. Arnold

CREATIVE EDUCATION

semillas del saber

Publicado por Creative Education
P.O. Box 227, Mankato, Minnesota 56002
Creative Education es una marca editorial
de The Creative Company
www.thecreativecompany.us

Diseño de Ellen Huber; producción de Dana Cheit
Dirección de arte de Rita Marshall
Impreso en los Estados Unidos de América
Traducción de TRAVOD, www.travod.com

Fotografías de Alamy (Melvyn Longhurst, Alex Segre, Kumar Sriskandan), Dreamstime (Frogtravel, Nerthuz, John Roman, Luis Miguel Caselles San Segundo), Getty Images (Tom Hall/EyeEm), iStockphoto (anouchka, Anton_Sokolov, CHUYN, csfotoimages, DenisKot, infospeed, Jitalia17, kali9, mikeinlondon, no_limit_pictures, Onfokus, wsfurlan)

Información del Catálogo de publicaciones de la Biblioteca del Congreso is available under PCN 2018931289.
ISBN 978-1-64026-107-5 (library binding)

9 8 7 6 5 4 3 2 1

TABLA DE CONTENIDO

¡Hola, patrulleros!

Los patrulleros **patrullan** los vecindarios. Llevan a los oficiales de policía a donde necesitan ir.

Llevan a personas a la comisaría.

POLICE
POLICE
NORTH BAY VILLAGE
911
EMERGENCY
POLICE
XE3936

Muchos patrulleros son negro y blanco.

Otros son azules, grises, marrones o rojo oscuro.

Un patrullero tiene muchas luces que parpadean.

¡Uuu-aaa-uuu-aaa!

Suena su sirena.

Un oficial de policía lo conduce. Otro oficial puede ir con él.

Ellos se aseguran que la gente esté segura.

PINA COL
CROS
E DEPT.

Un patrullero tiene cuatro neumáticos. A veces necesita ir rápidamente a algún lugar.

Un poderoso motor le ayuda a ir rápido.

EW YORK POLICE
POLICE
POLICE
WELCOME TO TIMES SQ
3864
PBMS
IMPACT
COURTESY
PROFESSIONALISM
RESPECT
NYPD
POLICE

Los patrulleros salen a patrullar. Se detienen para ayudar a la gente.

Mantienen seguras a las comunidades.

¡Adiós, patrulleros!

Dibuja un patrullero

sirena
www.nypdrecruit.com
RECRUIT
COURTESY
PROFESSIONALISM
RESPECT
puertas
luz trasera

Palabras que debes saber

motor: una máquina que da energía y hace que algo se mueva

patrullar: estar vigilando un área

sirena: algo que hace fuertes ruidos como aviso de que un vehículo de emergencia se aproxima

FHP

Índice